LA
PERTE DU CANADA

PAR

M. A. HÉRON

ROUEN

IMPRIMERIE DE ESPÉRANCE CAGNIARD

Rues Jeanne-Darc, 88, et des Basnage, 5

—

1887

LA PERTE DU CANADA

EXTRAIT DU BULLETIN DE LA SOCIÉTÉ NORMANDE

DE GÉOGRAPHIE

(CAHIER DE MAI-JUIN 1887)

LA
PERTE DU CANADA

PAR

M. A. HÉRON

ROUEN

IMPRIMERIE DE ESPÉRANCE CAGNIARD

Rues Jeanne-Darc, 88, et des Basnage, 5

—

1887

LA PERTE DU CANADA

(Montcalm and Wolfe, by Francis Parkman, 2 vol. in-8°,
Boston, 1884)

———

Sunt lacrymæ rerum

Notre histoire présente bien peu d'épisodes aussi douloureux que la perte du Canada. En faisant passer cette colonie aux mains des Anglais, le traité de Paris nous enlevait du même coup un vaste territoire, qui s'étendait au-delà des provinces anglaises des bords de l'Atlantique, depuis Québec, en passant par les grands lacs, l'Ohio et le Mississipi, jusqu'à la Louisiane et à la Nouvelle-Orléans. L'œuvre si courageusement et si laborieusement accomplie par les Jacques Cartier, les Champlain, les Cavelier de la Salle, était perdue pour la France, et notre vieille ennemie, l'Angleterre, recueillait le fruit du génie et du travail de nos découvreurs et de nos colons.

Elle devait pourtant payer bientôt sa victoire beaucoup plus cher que notre défaite ne nous coûtait, car il n'est pas douteux que la conquête du Canada valut aux Anglais la perte des Etats-Unis. Jamais, en effet, leurs colons des bords de l'Atlantique n'auraient osé rompre le lien qui les rattachait à la métropole, s'ils avaient toujours senti le besoin d'être protégés par elle contre les Français du Canada.

Nous n'en avions pas moins subi un coup bien funeste à nos intérêts, sans qu'il nous restât au moins la ressource d'imputer nos revers à la fatalité ou au hasard. La funeste politique du gouvernement de Louis XV et l'insouciance qu'il montra toujours pour les intérêts coloniaux de la France avaient produit tout le mal.

Toutefois, si le Canada, abandonné à lui-même, ne put être sauvé par les efforts de ses défenseurs, le spectacle de leur héroïsme pouvait du moins adoucir pour la France l'amertume de la défaite. Le sang du noble, du chevaleresque Montcalm et des braves qu'il commandait, ne coula pas en vain sous les murs de Québec : la colonie fut perdue, mais l'honneur resta sauf.

L'ouvrage que M. Francis Parkman a publié en 1884 sous le titre de *Montcalm et Wolfe,* nous fait assister à la chute de la puissance française en Amérique. Passer rapidement en revue les péripéties de ce drame terrible est, on ne saurait le nier, d'un grand intérêt; je voudrais pouvoir dire en même temps d'une haute utilité, mais je n'ose. Quand on considère, d'après des faits qui ne sont pas bien éloignés de nous, à quel fil léger peut tenir l'avenir d'une colonie, on se prend à douter sérieusement de l'efficacité des leçons que présente l'histoire, et l'on en vient à se demander avec un amer découragement si la lumière que jette le passé a jamais servi à éclairer l'avenir.

Le nom de M. Francis Parkman est aujourd'hui célèbre des deux côtés de l'Atlantique, et les États-Unis peuvent hardiment le placer au rang de ces historiens dont ils sont justement fiers, les Washington Irving, les Prescott, les Bancroft, les Motley, les Ticknor, les Hildreth, les Spark, à ne citer encore que les principaux.

La Conspiration de Pontiac et la Guerre indienne après la conquête du Canada, l'Oregon Trail, esquisses de la vie dans les prairies et dans les Montagnes Rocheuses, et surtout *la France et l'Angleterre dans l'Amérique du Nord, suite de récits historiques,* telles sont les œuvres que la science de l'histoire doit jusqu'à ce jour à M. F. Parkman.

Le dernier de ces ouvrages formera, quand toutes ses parties seront achevées, l'histoire complète de l'occupation française dans le continent américain.

Les cinq parties publiées avant 1884 portent pour titres : *1° Les Pionniers de la France au Nouveau-Monde; 2° les Jésuites dans l'Amérique du Nord au XVIIe siècle; 3° La Salle et la découverte du Grand-Ouest; 4° l'ancien régime au Canada sous Louis XIV; 5° le comte de Frontenac et la Nouvelle-France sous Louis XIV.* Ces ouvrages ont obtenu un grand et légitime succès : le premier compte déjà dix-sept éditions, le dernier est parvenu à la septième.

L'auteur a publié, en 1884, la septième et dernière partie de cette vaste composition; comme nous l'avons dit plus haut, elle porte pour titre les noms de *Montcalm et Wolfe,* ces deux héros en qui se résume l'effort suprême fait par le Canada pour se conserver à la France, et par l'Angleterre pour le lui enlever.

La période comprise entre 1700 et 1748 formera l'objet de la sixième partie ; elle reste à publier, l'auteur l'a laissée de côté pour donner immédiatement la dernière, en raison du haut intérêt qu'elle présente.

Dans le récit des événements qui ont précédé la perte du Canada, aussi bien que dans l'étude des causes qui l'ont amenée, il serait difficile de suivre un guide plus sûr que M. Parkman.

I

Même avant la guerre de Sept-Ans, le xviiie siècle avait été funeste à nos colonies d'Amérique. Le traité d'Utrecht nous avait enlevé Terre-Neuve et l'Acadie. Pendant la guerre de succession d'Autriche, les Anglais s'étaient emparés de l'île du Cap-Breton et de sa capitale Louisbourg. A la paix d'Aix-la-Chapelle, ils nous avaient rendu ces dernières colonies ; mais la question principale, celle des frontières, n'avait pas été réglée entre les deux nations. Les commissaires nommés à la suite de la paix n'avaient pu s'entendre, ni sur les limites de l'Acadie, ni sur la ligne des frontières qui devaient séparer la Nouvelle-France des colonies anglaises. Les représentants de l'Angleterre prétendaient que l'Acadie comprenait non pas seulement toute la péninsule qu'on désigne aujourd'hui sous le nom de Nouvelle-Ecosse, mais encore la vaste région comprise entre le fleuve Saint-Laurent au nord, la baie du même nom à l'est, l'océan Atlantique au sud, et la Nouvelle-Angleterre à l'ouest. Les Français, au contraire, entendaient ne pas céder la presqu'île tout entière ; désireux de maintenir par terre une communication pendant l'hiver entre Québec et l'île du Cap-Breton, ils voulaient conserver la partie orientale de la péninsule.

On rencontrait des difficultés aussi grandes à fixer les frontières qui devaient séparer les colonies anglaises du Canada et de ses dépendances occidentales. « Divers principes de délimitation, dit M. F. Parkman, furent mis en avant : le plus remarquable du côté de la France était fondé sur une raison géographique. Toutes les contrées baignées par les cours d'eau qui tombent dans le Saint-Laurent, les grands lacs et le Mississipi devaient lui appartenir. La France se serait ainsi implantée au cœur de l'Etat de New-York et le long de la chaîne des Alleghanys ; elle eût possédé l'intérieur du continent, ne laissant à l'Angleterre qu'une bande de littoral maritime. Et pourtant, à considérer ce que la France avait accompli, la patience et la bravoure de ses explorateurs, le zèle de ses missionnaires, la hardiesse aventureuse de ses coureurs de bois, qui avaient révélé au monde civilisé l'existence d'un monde sauvage, pendant que leurs rivaux anglais travaillaient dans leurs ateliers, leurs fermes et leurs pêcheries, à considérer tout cela, ses prétentions étaient modérées et raisonnables en comparaison de celles de l'Angleterre. Les Iroquois, désignés aussi sous le nom des Cinq-Nations, avaient été déclarés sujets anglais par le traité d'Utrecht ; on s'appuyait sur cette raison pour prétendre que toutes les nations conquises par eux appartenaient à la couronne britannique. Mais, qu'était-ce donc qu'une conquête iroquoise ? Les Iroquois occupaient rarement les contrées qu'ils parcouraient..... Mais leurs expéditions guerrières s'étendaient prodigieusement loin et les Anglais prétendaient posséder chaque montagne, chaque forêt, ou chaque prairie, dans lesquelles un Iroquois avait enlevé une chevelure. Ils auraient tenu de la sorte non seulement le pays situé entre les Alleghanys et le Mississipi, mais encore la région qui s'étend entre le lac Huron et l'Ottawa. Le Canada eût été ainsi réduit à la portion représentée maintenant sur la carte d'Amérique par la province de Québec, ou plutôt par une partie de cette province, puisque l'extension de l'Acadie jusqu'au Saint-Laurent en aurait détaché les comtés actuels de Gaspé, de Rimouski et de Bonaventure..... Cette attitude des deux adversaires montrait clairement qu'on ne pouvait autrement trancher cette difficulté qu'en recourant à la dernière raison des rois. Il fallait conquérir la paix par l'épée. »

Il n'était pas douteux, et M. F. Parkman semble bien le reconnaître dans le passage que je viens de traduire, que les belles vallées de l'Ohio et du Mississipi, vues et parcourues pour la première fois par nos découvreurs, appartenaient à la France. Pourtant, cet historien donne une singulière raison pour mettre en doute la validité des droits de notre pays : « La France, dit-il, avait établi un système excellent dans la distribution des terres américaines. Quiconque recevait de la couronne un don de terres, devait améliorer ces terres par la culture, et cela dans un espace de temps convenable. S'il n'en faisait rien, la terre cessait de lui appartenir, on la donnait à quelque autre plus capable ou plus actif. L'extension internationale du principe qu'elle-même avait établi, aurait détruit les prétentions de la France à la possession de toutes les contrées de l'Ouest. Il y avait trois quarts de siècle que la France les disait siennes, et elles n'étaient encore qu'un désert retentissant de hurlements sauvages, ne fournissant à la civilisation que des peaux de castor, et présentant çà et là un fort, un poste de trafiquant, une mission et trois ou quatre chétifs hameaux près du Mississipi et de Détroit. »

L'argumentation de M. F. Parkman est vraiment singulière, et l'on irait loin en partant d'un tel principe. Parce qu'un peuple n'a pas encore tiré suffisamment parti d'une région qu'il possède, est-ce une raison pour qu'un voisin s'en empare ? Y avait-il pour la vallée de l'Ohio un contrat entre la France et l'Angleterre, analogue à celui qui liait à la couronne de France les colons possesseurs de terres octroyées à titre onéreux ? Enfin, les Anglais des treize colonies des bords de l'Atlantique occupaient-ils, dès lors, toutes les parties du vaste territoire qui leur appartenait, et s'il n'en était pas ainsi, si quelques régions n'étaient pas encore exploitées, ne pouvait-on pas retourner contre eux l'argument ?

Mais, au fond, l'Angleterre s'inquiétait peu des raisons qu'elle donnait. Elle voulait fonder son empire colonial sur les ruines de celui de la France ; elle comptait réussir par les intrigues et par la force.

C'est le récit de la lutte d'abord sourde, puis déclarée, des deux nations pour la possession du Canada et de ses dépendances que je vais présenter d'une manière rapide.

On peut y distinguer plusieurs phases : dans la première, les Français cherchent à renouveler leurs droits sur la vallée de l'Ohio par une prise sérieuse de possession, tandis que les Anglais s'efforcent de s'insinuer dans cette même région et travaillent à détacher les tribus indiennes de l'alliance française. Cette situation se prolonge jusqu'au moment où l'officier français Jumonville tombe sous les balles anglaises en 1754.

La guerre commence alors de fait sans être officiellement

déclarée ; les deux nations envoient des renforts à leurs colonies et font des armements tout en protestant de leurs bonnes dispositions réciproques. Les Anglais dirigent quatre attaques contre les principales positions des Français. En général, cette campagne leur est peu favorable.

On sort enfin, en 1756, de cette situation équivoque. La guerre de Sept-Ans éclate ; la France et l'Angleterre sont ouvertement aux prises. Un effort énergique est dirigé contre notre colonie, que sa métropole abandonne. Québec succombe après d'héroïques efforts et le Canada est perdu à jamais.

Je donnerai quelques détails sur les faits qui se passèrent pendant la première période, en insistant surtout sur le meurtre de Jumonville ; je passerai rapidement sur les événements bien connus de la seconde, et je m'arrêterai dans la dernière sur les douloureuses péripéties qui ont amené, aux plaines d'Abraham, la mort de Montcalm, le désastre de nos armées et la perte de notre colonie.

II

Pendant le cours des négociations relatives à la délimitation des frontières, les deux peuples ne demeurèrent pas inactifs. Les Anglais s'efforcèrent de s'étendre vers l'ouest ; de l'Etat de New-York, ils gagnèrent le lac Ontario et établirent sur ses bords le fort Oswego, très dangereux pour l'influence française ; car ils pouvaient, en construisant une flottille, se rendre maîtres du lac et intercepter ainsi les communications des Français avec la vallée de l'Ohio. On ne pouvait, en effet, la gagner facilement en partant du Canada que si l'on passait du lac Ontario dans le lac Erié. Plus au sud, les marchands anglais appartenant aux colonies de la Virginie et de la Pensylvanie franchissaient la barrière des monts Alleghanys et pénétraient dans la vallée de l'Ohio. Ils s'efforçaient de gagner les tribus indiennes aux intérêts de la Grande-Bretagne, et de ruiner l'influence que nos colons exerçaient sur elles.

Il était urgent pour notre pays de maintenir ouvertes les communications entre le Canada et la Louisiane, et de contenir les Anglais derrière les monts Alleghanys. Le marquis de la Galissonnière, qui gouvernait alors le Canada, envoya, pendant l'été de 1749, sous les ordres de Céloron de Bienville, une expédition dont le but était de renouveler les droits de la France dans la vallée de l'Ohio.

Céloron de Bienville remonta le Saint-Laurent, s'arrêta au fort Frontenac, bâti à l'extrémité orientale du lac Ontario, traversa ce lac en évitant le fort Oswego, construit par les Anglais sur la rive méridionale, atteignit par un portage le lac Chauteuque et gagna enfin cette partie de l'Ohio ou de la Belle-Rivière, connue sous le nom d'Alleghany.

La France n'avait pas établi dans cette vallée, à mi-distance du Canada et de la Louisiane, des forts assez nombreux et construits de façon à résister sérieusement à toute attaque. D'un autre côté, la plupart des tribus indiennes étaient déjà gagnées par les marchands anglais, dont quelques-uns, franchissant même la vallée de l'Ohio, avaient pénétré jusque chez les Osages, au-delà du Mississipi.

Céloron de Bienville enterra en divers endroits des

lames de plomb portant des incriptions qui constataient les droits de la France sur les régions traversées par la Belle-Rivière et par ses affluents. Il faisait mieux encore, il cherchait à se concilier les tribus indiennes par l'influence de son interprète Chabert de Joncaire, fils d'un officier français et d'une femme sénéca. Chabert prenait les devants et négociait avec les indigènes. Malheureusement, dans la plupart des tribus, les Indiens avaient fui à l'approche des Français; on rencontrait quelques marchands anglais qui, sommés de se retirer, obéissaient sans résistance, mais revenaient aussitôt que les Français s'étaient éloignés. C'est grâce à leurs instigations que Céloron de Bienville fut sur le point d'être attaqué à Logstown et à Chiningué, et que Joncaire faillit être tué à l'embouchure du Scioto. Céloron de Bienville finit par atteindre le grand Miamis, appelé par les Français la Rivière-à-la-Roche, et le remonta en abandonnant l'Ohio. Dans cette région se trouvait un chef dévoué aux Anglais, appelé par eux Vieille-Bretagne (Old-Britain), et par les Français la Demoiselle. Il accepta les présents de Céloron, et lui fit en échange de belles promesses qu'il ne remplit pas. Puis l'expédition atteignit par un portage le fort construit sur le Maumee, qui se jette à l'extrémité occidentale du lac Erié, et de là regagna le Canada en passant par ce lac et par l'Ontario. Elle avait parcouru douze cents lieues, et constaté que les tribus étaient, en général, mal disposées pour la France, ou même entièrement dévouées aux Anglais.

Vers la même époque, un plan était formé en Virginie pour l'invasion du territoire français.

En 1750, le gouverneur Dinwiddie envoya dans la vallée de l'Ohio Christopher Gist, qui atteignit Logs-

town, puis le Scioto, et de là la ville indienne de Pickawillany, où il fut très bien reçu par la Demoiselle.
Un message français, apporté à ce moment par quatre
Ottawas, fut même repoussé. Gist était de retour en Virginie au mois de mars 1751.

Les Français et les Anglais cherchaient à gagner surtout
la confédération des Iroquois ou des Cinq-Nations qui,
bien que diminuée, depuis que beaucoup de ces sauvages
avaient joint les tribus de l'Ohio, avait cependant con-
servé encore une grande influence. Quelques-uns
s'étaient convertis à la religion chrétienne; on les avait
réunis près de Montréal, dans un lieu du nom de
Caughnawaga. En même temps, 1751, un prêtre sulpi-
cien, le P. Piquet, qui avait fondé une autre mission
catholique, nommée la Présentation, au confluent de
l'Oswegatchie et du Saint-Laurent, entreprit un voyage
de propagande parmi les Iroquois. Il remonta le Saint-
Laurent, parcourut l'Ontario, où il visita les forts
Frontenac, Toronto et Niagara, et revint en passant
devant le fort Oswego, qu'occupaient les Anglais.

Ces voyages avaient démontré plus que jamais combien il était nécessaire aux Français de fortifier ces positions, où ils étaient déjà établis, et de créer de nouveaux
forts. Ils étaient maîtres des grands lacs par les forts
Niagara, Détroit, Michillimackinac et Sainte-Marie, qui
en commandaient les entrées; ils tentèrent, dès ce moment,
quelques efforts pour faire de Détroit, dont la situation
était très heureuse, un poste important.

La Jonquière avait succédé à La Galissonnière dans
le gouvernement du Canada. D'une part, il excitait sous
main les Indiens à détruire le fort Oswego; de l'autre,
il songeait à construire de nouveaux forts sur les bords

du lac Erié. Malheureusement, l'argent manquait, et le gouvernement de la métropole, irrité des dilapidations qui se commettaient au Canada, répugnait à de nouvelles dépenses.

La Jonquière dut renoncer à ses projets. Il se borna à ordonner à Céloron de Bienville, qui commandait au fort Détroit, de s'emparer du fort Pickawillany, situé plus à l'ouest, sur la rivière Miamis; c'était dans cette région le centre de l'influence anglaise, grâce à l'appui du chef indien la Demoiselle. Soit par indiscipline, soit parce qu'il ne jugeait pas ses forces suffisantes, Céloron de Bienville refusa d'exécuter les ordres de La Jonquière, qui mourut sur ces entrefaites, laissant à Longueil le gouvernement intérimaire du Canada.

L'entreprise à laquelle Céloron de Bienville s'était refusé, un simple marchand français, Charles Langlade, l'exécuta. Parti de Michillimackinac avec une troupe de 250 Ojibwas et Ottawas, il surprit Pickawillany le 21 juin 1752, et s'en rendit maître; les marchands anglais furent pillés; le chef indien, la Demoiselle, périt dans la lutte et fut mangé par les Indiens.

Le nouveau gouverneur du Canada, Duquesne, voulait occuper solidement par des forts le cours supérieur de l'Ohio, et empêcher ainsi les Anglais de la Virginie et de la Pensylvanie de s'étendre vers l'Ouest. Le gouvernement français seconda mal ses desseins ; on lui recommanda de ne construire sur l'Ohio que les forts absolument nécessaires. L'expédition partit au printemps de 1753, sous la conduite de Marin. Elle aborda d'abord à Presqu'isle, sur le bord méridional du lac Erié, y fonda un fort, et, de là, gagna French-Creek, affluent de l'Alleghany, où elle construisit le fort Le Bœuf. Marin devait descendre l'Alleghany, puis l'Ohio, mais les maladies qui frappèrent ses compagnons et qui l'atteignirent lui-même, le forcèrent à retourner à Montréal. Toutefois, on avait produit une forte impression sur les Indiens, et les Miamis eux-mêmes se soumirent aux Français.

En ce moment, les affaires prenaient une tournure assez favorable aux intérêts de notre nation. Le Canada était moins peuplé que les colonies anglaises, mais il avait l'avantage d'être placé sous un commandement unique; le pouvoir central n'avait à craindre aucune résistance. Il n'en était pas de même dans les colonies anglaises. Les treize Etats qu'elles formaient différaient par la constitution, les mœurs, les intérêts, la religion même. La Nouvelle-Angleterre, par exemple, était démocratique, puritaine, plus portée à la guerre que les autres Etats par sa proximité du Canada et la nécessité de se défendre. La Virginie, au contraire, était aristocratique. La Pensylvanie renfermait une population active, mais dont les origines étaient diverses; elle était, de plus, sous l'influence des quakers qui, par principe religieux, repoussaient absolument la guerre. Les colonies du Sud, trop éloignées du théâtre des événements pour avoir rien à craindre, se montraient pleines d'indifférence. Les tentatives, autrefois faites par William Penn et par Jacques II pour établir un lien entre les États, avaient complètement échoué.

Dans la plupart des colonies, il y avait antagonisme entre les gouverneurs et les assemblées élues par le peuple. Attentives à défendre leurs moindres privilèges, et craignant de fortifier l'autorité des gouverneurs, elles leur refusaient l'argent et les troupes dont ils avaient besoin pour lutter contre l'influence et contre les forces françaises. C'est ainsi que le gouverneur de l'Etat de New-York, ne pouvant obtenir d'argent de son assemblée, était obligé d'entretenir le fort Oswego à ses propres frais.

La fondation des forts Presqu'isle et Le Bœuf tira cependant de leur torpeur quelques-uns des Etats anglais. Dinwiddie avait envoyé Washington vers le commandant du fort Le Bœuf, Legardeur de Saint-Pierre, pour le sommer d'évacuer ce qu'il appelait le territoire anglais. Le commandant se borna à répondre qu'il attendrait les ordres du gouverneur du Canada.

Dinwiddie fait ses préparatifs. Le gouvernement de la métropole l'autorise à bâtir des forts sur l'Ohio et à employer la force pour empêcher les Français d'en construire. Son assemblée commence par lui refuser tout subside; il tire de la milice deux cents hommes dont il donne le commandement à Washington; il lui ordonne de bâtir un fort sur l'Ohio.

Grâce à sa persévérance, il arrache enfin quelque argent aux représentants de la Virginie et fait appel aux Etats voisins. La Pensylvanie, bien que directement intéressée à la lutte par sa proximité des colonies françaises, cède, comme toujours, à l'influence des quakers et refuse tout subside. Dinwiddie obtient seulement un peu d'argent de la Caroline du Nord, et l'autorisation de se servir de deux compagnies indépendantes que le roi entretenait à New-York et dans la Caroline du Nord. Il forme ainsi le régiment de Virginie, placé sous le commandement de Fry, qui devait avoir Washington pour second. Celui-ci s'était porté à Wills-Creek, affluent du Potomac, où la compagnie anglaise de l'Ohio avait un magasin; il voulait faire de ce lieu la base de ses opérations.

En même temps, le capitaine Trent commençait un fort aux fourches de l'Ohio; il y laissait l'enseigne Ward qui, attaqué, dut le rendre aux Français. Ceux-ci le détruisirent et en élevèrent un autre qu'ils nommèrent le fort Duquesne. Les Anglais considérèrent cet acte comme le commencement des hostilités.

C'est ici que se place le meurtre de Jumonville, envoyé vers les Anglais à titre de parlementaire. A ce propos, on a accusé Washington, le futur héros de l'indépendance américaine, d'avoir violé le droit des gens et commis un véritable assassinat. Le problème historique est important; il intéresse la réputation d'un grand homme dont la loyauté fut dans la suite toujours incontestée. Laissons parler M. F. Parkman, et voyons comment, d'après son récit, les faits se seraient passés.

« Washington se trouvait alors sur le Youghiogany, affluent du Monongahela; il l'explorait dans l'espérance de le trouver navigable, quand un messager vint à lui, envoyé par son vieux camarade, le Demi-Roi (Half-king), qui était en marche pour le rejoindre. Le message avait pour but de lui apprendre que les Français avaient quitté leur fort et s'avançaient dans le dessein d'attaquer les premiers Anglais qu'ils pourraient rencontrer. Peu après, on vint annoncer qu'ils avaient atteint déjà le gué de l'Youghiogany, à 13 milles de distance. Washington se replia vers les Grandes-Prairies, surface unie couverte d'herbes et de buissons, bordée par des collines boisées, et traversée d'un côté par un ravin, dont ses hommes firent avec peu de travail un retranchement en même temps qu'ils coupaient les buissons et dégageaient ce que le jeune commandant appelait « unchamp fait à plaisir pour une rencontre. » Des détachements furent envoyés fouiller les bois ; ils ne trouvèrent pas d'ennemis. Deux jours se passèrent ainsi. Le 27 mai au matin, Christopher Gist, qui venait de fonder un établissement sur le flanc opposé du Laurel Hill, à douze ou treize milles de distance, vint annoncer au camp que cinquante Français s'étaient présentés chez lui la veille, vers l'heure de midi, et qu'ils auraient tout détruit sans l'intervention de deux Indiens auxquels il avait laissé la garde de sa demeure pendant son absence. Washington envoya soixante-dix hommes observer le détachement ennemi ; la recherche fut vaine, les Français s'étaient si bien cachés qu'ils échappèrent à tous les yeux, sauf à ceux d'un Indien. Le soir, un coureur vint de la part du Demi-Roi, campé à quelques milles de là avec un petit nombre de guerriers. Il faisait dire à Washington qu'il avait trouvé la trace de deux hommes et suivi leur piste vers un vallon obscur qui se trouvait dans la forêt ; c'était là que, dans sa pensée, les Français se tenaient en embuscade.

» Washington paraît n'avoir pas hésité un seul instant. Craignant un stratagème formé pour prendre son camp, il en laissa la garde à la plus grande partie de sa troupe, et, à dix heures, à la tête de quarante hommes, il partit se dirigeant vers les wigwams du Demi-Roi. La nuit était pluvieuse, et la forêt, pour se servir de ses propres expressions, « était aussi noire que de la poix. » — « Le » sentier », dit-il encore, « était à peine assez large pour » un seul homme ; nous le perdions souvent, nous ne » pouvions le retrouver qu'après quinze ou vingt minutes » de recherche, et nous tombions les uns par dessus les » autres au milieu des ténèbres. » Sept de ses hommes se perdirent dans les bois et demeurèrent en arrière. Les autres marchèrent à tâtons pendant toute la nuit et atteignirent le camp indien au lever du soleil. On tint conseil avec le Demi-Roi ; lui et ses guerriers consentirent à prendre part à l'attaque des Français. Deux Indiens servirent de guides. On retrouva les traces des deux éclaireurs français qu'on avait vus la veille, et le détachement, avançant sur une seule file, se précipita à travers la forêt vers le fond rocheux où l'on supposait que les Français se tenaient cachés. Ils y étaient, en effet. A la vue des Anglais, ils se jetèrent sur leurs fusils. Washington ordonna le feu. Il y eut un combat de courte durée. L'enseigne Coulon de Jumonville, qui commandait la troupe, fut tué avec neuf des siens ; vingt-deux autres furent faits prisonniers ; pas un n'échappa, si ce n'est un Canadien, qui s'était enfui dès le commencement de l'affaire. Quand tout fut fini, les prisonniers dirent à Washington qu'on avait envoyé leur détachement lui porter une sommation de la part de Contrecœur, qui commandait au fort Duquesne.

» Cinq jours auparavant, Contrecœur avait envoyé Jumonville fouiller le pays jusqu'à la barrière des monts Alleghanys. Sous ses ordres étaient un autre officier, un volontaire, un interprète et vingt-huit hommes. Il était porteur d'une sommation écrite, avec mission de la remettre au premier Anglais qu'il trouverait. Elle leur ordonnait de se retirer des possessions du roi de France ; en cas de refus, elle menaçait de les chasser par la force des armes. Mais, avant de délivrer cette sommation, Jumonville avait ordre d'expédier en toute hâte deux courriers au fort Duquesne pour informer le commandant qu'il avait trouvé les Anglais et pour lui faire savoir le moment précis où il se proposait d'entrer en communication avec eux. Il est difficile de donner un

autre but à cet ordre que celui de permettre à Contrecœur
d'envoyer au lieu de la rencontre les forces qui pourraient
être nécessaires pour attaquer les Anglais, s'ils refusaient
de se retirer. Jumonville avait envoyé les deux courriers
et s'était caché, apparemment pour attendre le résultat.
Il se tint blotti presque pendant deux jours à cinq milles
du camp de Washington, envoya des éclaireurs le reconnaître, mais ne donna aucun signe de sa présence, jouant
à la perfection le rôle de quelqu'un qui se cache dans un
mauvais dessein, et préparant sa propre perte par une
conduite qui ne peut être imputée qu'à un dessein cou-
pable d'une part, ou à une extrême folie de l'autre. Des
déserteurs français dirent à Washington que le détachement était envoyé pour espionner et qu'on ne devait
montrer la sommation que dans le cas où on serait
attaqué par des forces supérieures. Cette dernière assertion est confirmée par l'officier français Pouchot; il dit
que Jumonville, se voyant le plus faible, tenta de
montrer la lettre qu'il avait apportée.

» Les écrivains français disent que, à la vue des Anglais,
l'interprète de Jumonville leur cria qu'il avait quelque
chose à leur dire; mais Washington, qui marchait à la
tête de ses hommes, déclare le fait absolument faux. Les
Français vont plus loin : ils disent que Jumonville fut
tué, alors qu'il était en train de lire la sommation. Ce
fait est également nié par Washington; il ne repose,
d'ailleurs, que sur l'affirmation du Canadien qui s'enfuit
dès le début de l'action, et sur l'assertion prétendue des
Indiens, qui, même s'ils étaient présents, ce qui est
invraisemblable, s'enfuirent comme le Canadien avant
que la bataille eût commencé. Un officier qui se trouvait
avec Jumonville, Druillon, fait prisonnier, écrivit à

Dinwiddie deux lettres dans lesquelles il réclamait les privilèges d'un parlementaire; il met en avant toutes les circonstances qui peuvent favoriser sa demande, mais il ne prétend pas que la sommation ait été lue ou montrée avant ou pendant l'action. Il n'y a pas moins d'erreur dans le récit que les Français ont fait de la conduite des Indiens qui étaient avec Washington. « Ce » meurtre », dit un chroniqueur du temps, « produisit » sur les esprits des sauvages un effet bien différent de » celui que le cruel Washington s'était promis. Ils ont » horreur du crime; ils furent si indignés de celui qui » venait d'être commis à leurs yeux qu'ils abandonnèrent » Washington, et d'eux-mêmes vinrent s'offrir à nous » pour en tirer vengeance. » Au lieu d'en agir ainsi, ils se vantèrent de la part qu'ils avaient prise au combat, scalpèrent tous les cadavres français, envoyèrent une chevelure aux Delawares pour les engager à prendre la hache de guerre en faveur des Anglais, et, dans le même but, distribuèrent les autres parmi les diverses tribus de l'Ohio.

» Un jugement froid, un sentiment profond de ses devoirs publics, un empire absolu sur lui-même, étaient même alors les qualités distinctives de Washington; mais il avait à peine vingt-deux ans, était plein d'une belliqueuse ardeur; sa nature était impétueuse et rude. Il est cependant loin d'être certain que, quand même l'âge et l'expérience l'auraient mûri, il se fût abstenu d'agir comme il le fit, car il avait toute raison de croire que les intentions des Français étaient hostiles, et, bien qu'en attendant passivement les événements, il eût fait retomber sur eux la responsabilité du premier coup porté, il aurait exposé son faible détachement à être pris ou détruit, en donnant à l'ennemi le temps de recevoir des renforts du fort Duquesne. Le meurtre de Jumonville devait être nécessairement accueilli en France par des cris d'horreur réelle ou feinte, mais le chevalier de Lévis, qui commanda en second sous Montcalm, exprime probablement l'opinion véritable des Français les plus aptes à bien juger, quand il qualifie l'événement d'assassinat prétendu. De quelque façon qu'on la juge, cette escarmouche obscure commença la guerre qui mit le monde en feu. »

Quand la nouvelle de la mort de Jumonville parvint à Montréal, son frère Coulon de Villiers se rendit en toute hâte au fort Duquesne, et à la tête d'environ cinq cents hommes attaqua le fort Nécessité que Washington venait de construire dans les Grandes-Prairies.

Après une courte résistance, Washington se vit contraint de se rendre. La capitulation qu'on l'obligea à signer portait ces mots : *l'assassinat du sieur de Jumonville*. On en a conclu qu'il reconnaissait pour juste l'imputation dirigée contre lui. On a répondu que l'officier hollandais Van Braam, chargé de débattre avec les Français les termes de la capitulation, ne comprit pas la portée du mot employé ou en laissa ignorer à Washington la vraie signification. Tout porte à croire que la mort de Jumonville fut le résultat d'une fatale méprise et que le jeune Américain ignora réellement la qualité de parlementaire qui devait protéger la personne de Jumonville.

Le fort Nécessité une fois emporté par les Français, Washington rentra dans la Virginie et il n'y eut plus à ce moment un seul pavillon anglais qui flottât au-delà des monts Alleghanys.

III

La nouvelle de la défaite subie par Washington affecta vivement les colonies anglaises. L'apathie, l'égoïsme des intérêts privés, la politique à courte vue qui avaient régné jusqu'alors, disparurent devant la nécessité de s'entendre pour le salut commun. La plupart des Etats donnèrent des subsides, mais le congrès réuni à Albany ne put réaliser l'union qu'on aurait désirée. L'Angleterre était d'ailleurs peu favorable à une mesure qui pouvait augmenter la puissance des colonies.

Il fallait agir rapidement, car la France gagnait du terrain. Dinwiddie, mal soutenu en Amérique, fit appel à l'Angleterre, et lord Newcastle envoya, dès le commencement de 1755, deux régiments avec le major général Braddock.

La France expédia de son côté dix-huit navires de guerre commandés par l'amiral Dubois de la Motte, avec six bataillons formant 3,000 hommes sous le commandement de Dieskau. L'expédition qui partit le 3 mai 1755, portait un nouveau gouverneur, Vaudreuil, envoyé pour remplacer Duquesne dont la santé était altérée.

Malgré ces préparatifs, les deux gouvernements de France et d'Angleterre protestaient de leurs intentions pacifiques, ce qui n'empêchait pas le gouvernement de Versailles d'ordonner à Duquesne de détruire les forts bâtis par les Anglais sur le Kennebec, et l'amiral anglais Boscawen de s'emparer de deux vaisseaux de la flotte française, l'*Alcide* et le *Lys*, à la hauteur du cap Race.

C'est ainsi que les hostilités s'ouvrirent un an avant que la guerre fût officiellement déclarée.

Pendant cette année 1755, les Anglais avaient décidé d'attaquer les Français sur quatre points : Braddock avec les deux régiments anglais se porterait sur le fort Duquesne; Shirley attaquerait le fort Niagara; William Johnston marcherait sur Crown Point, bâti sur les bords du lac Champlain, et le lieutenant-colonel Monckton serait chargé de réduire Beauséjour que les Français avaient construit sur l'isthme reliant l'Acadie au continent, il soumettrait ensuite toute la péninsule.

Braddock, attaqué à quelque distance du fort Duquesne sur le Monongahela, fut vaincu et mortellement blessé; ses troupes se replièrent sur Philadelphie.

Les Anglais furent plus heureux en Acadie. Ils s'emparèrent des forts Beauséjour et Gaspereau et se rendirent ainsi maîtres de toute la péninsule. Mais la population acadienne était restée attachée de cœur à la France. Les Anglais assurèrent leur conquête par l'acte odieux de la déportation d'un peuple entier. Le 5 septembre 1755, les Acadiens furent tous arrêtés et déclarés prisonniers du roi; quelques-uns échappèrent; les autres, arrachés à leurs foyers, furent dispersés dans les colonies depuis le Massachusetts jusqu'à la Géorgie.

Dieskau, envoyé par Vaudreuil à Crown Point, fut vaincu et pris par Johnston à la bataille du lac Georges ou Saint-Sacrement, le 8 novembre 1755, mais le chef anglais ne put poursuivre ses avantages, tandis que les Français se retranchaient à Ticondéroga. En somme, l'expédition de Johnston avait mal réussi.

Shirley avait encore été plus malheureux. Parvenu au lac Ontario, il avait voulu s'emparer du fort Frontenac, mais il échoua dans sa tentative et renonça à marcher sur le fort Niagara. Il renforça la garnison du fort

Oswego et retourna à Albany dans les derniers jours d'octobre 1755.

La campagne était finie. Une déroute désastreuse à Monongahela, un insuccès à Niagara, une victoire sans effet au lac Georges, trois forts pris en Acadie, tels étaient les résultats peu satisfaisants obtenus par les efforts des Anglais. De leur côté, les Français avaient définitivement perdu l'Acadie.

IV

L'Angleterre déclara la guerre le 18 mai 1756, la France le 9 juin. Malheureusement notre pays commit la faute de s'engager dans la guerre de Sept-Ans; il s'unit contre la Prusse à l'Autriche et à la Russie et tourna ainsi contre Frédéric II des forces qu'il eût mieux fait de réserver pour lutter contre l'Angleterre.

En janvier 1756, le marquis de Montcalm fut nommé commandant des troupes françaises de l'Amérique du Nord, avec le grade de maréchal de camp; on lui donna pour lieutenants les chevaliers de Lévis et de Bourlamaque; un de ses aides-de-camp était Bougainville. On envoyait avec lui seulement deux bataillons comprenant douze cents hommes.

Les opérations de l'année 1756 furent encore favorables à la France. Le fort Oswego sur le lac Ontario, le fort Granville sur le Juniata, le fort William-Henry sur le lac Georges, sont pris par les Canadiens. Loudon essaie contre Louisbourg une attaque qui échoue.

Tout semble ainsi tourner contre l'Angleterre, mais Pitt arrive au ministère et tout change. Il prépare trois expéditions : la première, contre Ticondéroga (Carillon), est confiée à Abercromby qu'accompagne lord Howe;

la seconde, contre Louisbourg, est conduite par Amherst; la troisième, contre le fort Duquesne, est dirigée par John Forbes. Deux régiments de highlanders sont expédiés en Amérique. On hâte les préparatifs de trois flottes : l'amiral Boscawen se dirige sur Louisbourg; l'amiral Osborn marche contre la Clue au détroit de Gibraltar; Edward Hawke arrête une expédition envoyée de Rochefort, et bien peu de navires français peuvent parvenir en Amérique.

Amherst et Boscawen attaquèrent Louisbourg avec 11,600 hommes. La ville, vigoureusement défendue par la garnison à laquelle la femme du gouverneur, Mme de Drucourt, donnait l'exemple du courage, dut capituler en juillet 1758; les îles du Cap-Breton et de Saint-Jean tombèrent entre les mains des Anglais. Wolfe, qui s'était distingué pendant ce siège, voulait qu'on marchât immédiatement sur Québec. Amherst jugeant la chose impossible s'y refusa et l'envoya détruire les établissements français du golfe du Saint-Laurent.

La France était plus heureuse sur les bords du lac Champlain. Montcalm, à la tête de 3,600 Français, battait les 15,000 hommes d'Abercromby à la journée de Ticondéroga ou de Carillon, 18 juillet 1758. Mais cette glorieuse journée allait bientôt être suivie de revers. Le fort Frontenac tomba, le 26 août 1758, entre les mains des Anglais et les Français furent forcés d'abandonner le fort Duquesne.

Fatigué de la jalousie de Vaudreuil, découragé par l'abandon de la France, Montcalm avait demandé son rappel. Quand il apprit les grands préparatifs faits par l'Angleterre, il renonça à partir et voulut rester pour sauver la colonie ou périr avec elle. Il envoya Bougainville demander des secours en Europe; on ne lui répondit que par des refus. Le Canada ne pouvait plus compter que sur lui-même.

L'expédition, qui avait Québec pour objectif, partit de Louisbourg au mois de mai 1759; elle était sous le commandement de Wolfe. Vaudreuil et l'évêque de Québec adressèrent un suprême appel à la population; les enfants depuis l'âge de quinze ans, les hommes jusqu'à celui de soixante, devaient prendre les armes. Toutes les forces de la colonie furent concentrées à Québec, sauf Bourlamaque qui restait à Ticondéroga et la Corne aux rapides du Saint-Laurent.

Wolfe arriva devant Québec, pilla les environs et bombarda la ville. L'armée de Montcalm occupait l'espace compris entre Québec et la rivière Montmorency, près de laquelle était établi le camp de Lévis. Les Anglais l'attaquèrent et furent repoussés, 31 juillet 1759.

Pendant ce temps, Amherst dirigeait une opération sur le lac Georges, juillet 1759. Sur l'ordre de Vaudreuil, Bourlamaque abandonna Ticondéroga et Crown Point et se retira à l'Isle aux Noix où la défense était plus facile. Amherst s'établit à Ticondéroga; il s'y fortifia et construisit des navires pour dominer les lacs.

Prideaux, de son côté, marchait contre le fort Niagara, défendu par le capitaine Pouchot qui appela à lui les troupes occupant le petit Niagara, le Bœuf, Venango et Presqu'isle. Prideaux avait en passant relevé Oswego que les Français cherchaient vainement à occuper. Mais un corps français venu au secours de Niagara fut vaincu par les Anglais et se retira à Détroit, après avoir brûlé Presqu'isle, le Bœuf et Venango, et laissé tout l'Ohio supérieur aux mains des Anglais. Pouchot leur rendit

Niagara en juillet 1759; les forts Détroit et Michilli-mackinac étaient ainsi sans communication avec le Canada. Amherst essaya alors, mais trop tard, de marcher sur l'Isle aux Noix; il fut forcé de renoncer à son entreprise.

Cependant Wolfe était livré au plus profond découragement. Après son attaque infructueuse du plateau de Montmorency, il était tombé gravement malade. A peine rétabli, désespérant de déloger les troupes des positions qu'elles occupaient en avant de Québec, il forma le projet audacieux de s'emparer des plaines d'Abraham qui s'étendaient en arrière de la ville. Il remonta le fleuve avec une partie de ses troupes, trompa la vigilance de Bougainville chargé de garder les hauteurs, débarqua à l'anse du Foulon, et, pendant une nuit sombre, escalada les pentes abruptes qui du rivage s'élevaient aux plaines d'Abraham, pendant que Montcalm gardait au-dessous de la ville le rivage de Beauport contre lequel la flotte de Saunders simulait une attaque.

C'est alors que s'engage la bataille décisive que M. F. Parkman raconte en ces termes :

« Montcalm avait passé une nuit agitée. Pendant toute la soirée, le canon avait grondé des vaisseaux de Saunders; les bâtiments de la flotte stationnaient au milieu des ténèbres à la hauteur du rivage de Beauport, menaçant à chaque instant d'aborder. Les troupes occupèrent la ligne des retranchements jusqu'au jour, et Montcalm, accompagné par le chevalier Johnstone et le colonel Poulariez, arpenta jusqu'à une heure du matin la plaine qui touchait à son quartier général. Johnstone raconte que Montcalm était dans une grande agitation et que, de toute la nuit, il ne prit pas un instant de repos. Au point du jour, il entendit le bruit du canon retentissant au-delà de la ville. C'était la batterie de *Samos* qui tirait sur les vaisseaux anglais. Il avait envoyé aux quartiers de Vaudreuil, plus rapprochés de la ville que les siens, un officier qui devait lui venir apprendre aussitôt tout ce qui arriverait d'extraordinaire. Aucun avis ne lui parvint; vers six heures, il monta à cheval, et suivi de Johnstone, il se dirigea vers les quartiers de Vaudreuil. A mesure qu'ils avançaient, la plaine située derrière la ville se découvrait de plus en plus à leur vue; enfin, quand ils se trouvèrent en face de la maison de Vaudreuil, ils virent, au-delà du Saint-Charles, à environ deux milles de distance, les lignes rouges des soldats anglais qui couronnaient les hauteurs. « L'affaire est sérieuse », dit Montcalm, et il envoya à toute bride Johnstone chercher les troupes du centre et de la gauche du camp. Celles de la droite étaient déjà en mouvement, sans doute par ordre du gouverneur. Vaudreuil sortit de sa maison. Montcalm s'arrêta pour lui dire quelques mots; puis il donna de l'éperon à son cheval et traversa le pont du Saint-Charles pour courir au lieu du danger. Il avançait, le regard fixe, sans prononcer une parole.

» L'armée suivit en aussi bon ordre que possible; elle traversa le pont en toute hâte, passa sous le rempart septentrional de Québec, entra par la porte du Palais, et s'avança d'un pas précipité le long des rues étroites de la cité guerrière : troupes d'Indiens avec leurs trophées de chevelures et leur peinture de guerre, leurs yeux profonds brillant d'un éclat sauvage; bandes de Canadiens pour qui tout était en jeu, la foi, la patrie, le foyer domestique; réguliers de la colonie; bataillons de la vieille France, torrent d'uniformes blancs et de bayonnettes étincelantes : la Sarre, Languedoc, Roussillon, Béarn, — les vainqueurs d'Oswego, de William-Henry et de Ticondéroga. Ils passaient en courant, se précipitaient dans la plaine, les uns par la porte de Saint-Louis, les autres par celle de Saint-Jean, et se ruaient, hors d'haleine, vers la hauteur où flottaient toujours les étendards de Guyenne.

» Montcalm fut stupéfait par ce qui s'offrait à sa vue ; il s'attendait à un détachement, et il trouvait une armée. En pleine vue devant lui, s'étendaient les lignes de Wolfe : l'infanterie anglaise en rangs serrés, muraille silencieuse d'uniformes rouges ; les highlanders à l'équipement étrange, avec leurs tartans qui flottaient au vent, et leurs cornemuses dont les sons aigus lançaient le défi. Vaudreuil n'était pas arrivé ; on n'en sentit pas moins les funestes effets du partage du commandement et de la jalousie des chefs rivaux. Montcalm attendit longtemps les forces que ses ordres avaient appelées de l'aile gauche de l'armée. Il attendit en vain. On dit que le gouverneur les avait retenues dans la crainte que les Anglais n'attaquassent les rives de Beauport. Cette attaque eût-elle eu lieu, et même avec succès, les Français n'avaient pas à s'en inquiéter, s'ils pouvaient mettre Wolfe en déroute dans les plaines d'Abraham. La garnison de Québec ne vint pas davantage au secours de Montcalm. Celui-ci envoya demander à Ramesay, son commandant, les vingt-cinq pièces de campagne qui se trouvaient à la batterie du Palais. Ramesay ne voulut lui en donner que trois, prétendant que les autres lui étaient nécessaires pour se défendre lui-même. Ce n'étaient qu'ordres et contre-ordres, malentendus, précipitation, retards et indécision.

» Montcalm et ses principaux officiers tinrent un

conseil de guerre. On dit qu'ils furent d'accord avec lui d'attaquer sur-le-champ. Ses ennemis déclarent qu'il craignait de voir Vaudreuil arriver et prendre le commandement; mais le gouverneur n'était pas homme à se charger de la responsabilité dans un moment si critique. D'autres disent que l'impétuosité de Montcalm l'emporta sur la sûreté de son jugement; il est difficile de le justifier de cette accusation. Bougainville n'était qu'à quelques milles de distance, et une partie de ses troupes était encore plus près; un messager envoyé par le chemin de Vieille-Lorette pouvait arriver à lui en une heure et demie au plus, et il était possible de combiner avec lui une attaque sur le front et sur les derrières de l'ennemi. D'autre part, si Montcalm avait pu s'entendre avec Vaudreuil, ses propres forces auraient pu être augmentées de deux ou trois milliers d'hommes, tirés de la ville et du camp de Beauport; mais son sentiment était qu'il n'avait pas de temps à perdre, car il s'imaginait que Wolfe recevrait bientôt des renforts, ce qui était impossible, et il croyait que les Anglais étaient occupés à se fortifier, ce qui était aussi une erreur. On l'a blâmé non seulement d'avoir combattu trop tôt, mais même d'avoir combattu. A cet égard, il n'avait pas le choix. Il lui fallait combattre, car Wolfe était maintenant en situation de le couper de tous ses renforts. Ses hommes étaient pleins d'ardeur; il résolut d'attaquer avant que cette ardeur fut refroidie. Il leur dit quelques mots de ce ton pénétrant et véhément qui lui était familier. « Je me » rappelle bien quel air il avait, disait souvent dans sa » vieillesse un Canadien qui n'avait alors que dix-huit » ans; il montait un cheval noir ou bai foncé, et passait » devant le front de nos lignes en brandissant son épée,

» comme pour nous exciter à faire notre devoir. Il portait
» un habit à larges manches qui retombaient quand il
» levait les bras et montraient la mousseline blanche de
» ses manchettes. »

» Les Anglais attendaient ce qui allait se passer avec
un calme qui, s'il n'était pas tout à fait réel, était du
moins habilement feint. Les trois pièces de campagne,
envoyées par Ramesay, les travaillaient de leurs projec-
tiles et quinze cents Canadiens et Indiens les fusillaient
sur le front et sur les flancs. Par toute la plaine, derrière
les buissons, les monticules, les bordures des champs de
blé, des jets de fumée partaient sans cesse des fusils de ces
tireurs cachés. Des tirailleurs étaient jetés en avant des
lignes anglaises pour les tenir en échec, et les soldats
avaient ordre de se coucher sur le gazon afin d'éviter les
balles. Le feu était plus vif sur la gauche des Anglais;
là, des bandes d'excellents tireurs établis au bord de la
pente, au milieu des buissons ou derrière les maisons
éparses, tuèrent ou blessèrent un nombre considérable
des soldats de Townshend. On appela de l'arrière-garde
l'infanterie légère. Les maisons furent prises et reprises;
une ou plusieurs furent brûlées.

» Wolfe était partout. Un incident qui survint dans
la matinée, montre combien il était calme et fait comprendre pourquoi ses compagnons d'armes l'aimaient.
Un de ses capitaines eut les poumons traversés par une
balle; quand il reprit ses sens, il vit son général debout
à côté de lui. Wolfe lui serra la main, lui dit de ne pas
perdre courage, lui promit un prompt avancement et
envoya un aide-de-camp à Monckton pour prier cet
officier de remplir sa promesse si lui-même venait à
succomber.

» Il était environ dix heures ; du terrain élevé où il s'était placé, à la droite de la ligne, Wolfe vit que le dénouement était proche. Sur la hauteur, les Français s'étaient formés en trois corps : des réguliers au centre, des réguliers et des Canadiens à l'aile droite et à l'aile gauche. Deux pièces de canon que l'on avait hissées sur le plateau à l'anse du Foulon, tirèrent sur eux à mitraille, et les troupes, se relevant du sol, se préparèrent à les recevoir. Au bout de quelques instants, les Français s'ébranlèrent. Ils avancèrent rapidement en poussant des clameurs retentissantes et déchargèrent leurs fusils aussitôt qu'ils furent à portée. Leurs rangs, aussi mal ordonnés que possible, furent mis dans un plus grand désordre encore par une foule de Canadiens qui s'étaient glissés au milieu des réguliers et qui, après s'être pressés de tirer, se jetaient ventre à terre pour recharger leurs armes. Les Anglais avancèrent de quelques toises ; puis, ils firent halte et restèrent immobiles. Quand les Français ne furent plus qu'à quarante pas, le mot de commandement retentit ; le bruit de la mousqueterie y répondit sur toute la ligne. La décharge se fit avec une remarquable précision. Dans les bataillons du centre qui avaient moins souffert des boulets ennemis, les officiers français dirent plus tard que la décharge faite avec ensemble avait produit l'effet d'un coup de canon. Une autre volée suivit, puis un feu roulant. Quand la fumée se souleva, un affreux spectacle s'offrit aux regards : le sol était couvert de morts et de blessés ; les masses qui s'avançaient s'arrêtèrent court et devinrent une foule en délire, criant, jurant, gesticulant. On donna l'ordre de charger. Le cri des Anglais s'éleva alors dans la plaine, mêlé au hurlement terrible du slogan des highlanders. Quelques-uns des corps s'élancèrent la bayonnette en avant; d'autres s'avancèrent en tirant. Les *clansmen* tirèrent leurs larges épées et se ruèrent ardents et agiles comme des limiers. Sur la droite de l'armée anglaise, bien que la colonne d'attaque eût été mise en pièces, le feu se continuait encore principalement, ce semble, des buissons et des champs de blé, où les tirailleurs étaient postés depuis une heure ou davantage. Wolfe les chargea lui-même, à la tête des grenadiers de Louisbourg. Une balle lui brisa le poignet; il roula son mouchoir autour du membre blessé et poussa en avant. Un autre coup l'atteignit, il avançait encore quand une troisième balle se logea dans sa poitrine. Il chancela et s'assit sur le sol. Le lieutenant de grenadiers, Brown, un certain Henderson, volontaire dans la même compagnie, et un simple soldat, aidés par un officier d'artillerie qui accourut à eux, le prirent dans leurs bras pour le porter à l'arrière-garde. Il les pria de le déposer à terre. Ils obéirent et lui demandèrent s'il voulait un chirurgien. « Je n'en ai pas besoin, répondit-il, tout est fini » pour moi. » Un moment après, un d'eux s'écria : « Ils » fuient, voyez comme ils fuient. » « Qui ? » demanda Wolfe, de l'air d'un homme qui sort du sommeil. « L'en-» nemi, général : par Dieu ! il détale de tous les côtés. » « Qu'un de vous, répondit le mourant, aille dire au » colonel Burton qu'il fasse descendre le régiment de » Webb vers la rivière Charles, pour couper aux Français » la retraite par le pont. » Puis, se tournant sur le côté, il murmura : « Maintenant, Dieu soit loué, je vais » mourir en paix, » et au bout de quelques instants, son âme généreuse s'était envolée.

» Montcalm, toujours à cheval, fut emporté vers la ville par le flot des fuyards. Comme il approchait des murs, une balle lui traversa le corps. Il reste assis; deux soldats le soutiennent chacun d'un côté et font passer son cheval par la porte Saint-Louis. Une place s'étendait derrière cette porte; là, au milieu de la foule surexcitée, se trouvaient plusieurs femmes, attirées sans doute par le désir d'apprendre le résultat du combat. Une d'elles reconnut Montcalm, vit le sang qui ruisselait et s'écria : « O mon Dieu! mon Dieu! le Marquis est tué! » « Ce » n'est rien, ce n'est rien, » répondit le héros mortelle-ment blessé; « ne vous effrayez pas pour moi, mes » bonnes amies [1]. »

Transporté dans la maison du chirurgien Arnoux, Montcalm expira le matin du 14 septembre, et fut enterré dans l'église du couvent des Ursulines.

Vaudreuil n'attendit pas même l'approche de l'ennemi ; il se hâta de s'éloigner de Québec, laissant à Ramesay, commandant de la garnison, la responsabilité de pro-longer la défense aussi longtemps qu'il le jugerait con-venable. Lévis était accouru de Montréal au quartier général de Vaudreuil. Il blâma vivement la retraite et insista pour qu'on réoccupât fortement la ville. Vaudreuil y consentit et l'on se mit en marche. Malheureuse-ment, Ramesay, livré à lui-même, venait de céder aux angoisses et aux terreurs de la population; il avait capitulé. L'armée dut battre en retraite sur Montréal.

Lévis, cependant, que ses talents et son âme généreuse rendaient bien digne de succéder à Montcalm, ne déses-pérait pas encore. Il voulait arracher Québec aux Anglais, et, pendant tout l'hiver, il prépara sa marche en avant. Au mois d'avril 1760, il embarqua sa petite armée et

[1] T. II, pp. 290-297.

descendit le Saint-Laurent. Il aborda au lieu appelé Saint-Augustin, et se porta aussitôt vers le village de Sainte-Foy, à l'extrémité des plaines d'Abraham. Murray, qui avait succédé à Wolfe dans le commandement de l'armée anglaise, se porta à sa rencontre. Il fut mis en pleine déroute et rentra dans Québec. Lévis se prépara à faire le siège de cette ville; il espérait qu'une escadre française se montrerait à l'embouchure du Saint-Laurent; ce furent des vaisseaux anglais qui apparurent. Son entreprise avait échoué; il se retira à Montréal.

Le dénouement était proche. Une triple attaque fut dirigée contre les restes de la vaillante armée. Murray se porta de Québec sur Montréal; Bougainville fut obligé de céder sa position de l'Isle aux Noix à un corps anglais commandé par Haviland, qui put alors marcher sur Montréal et opérer sa jonction avec Murray. Amherst arriva bientôt. Après s'être emparé de la Présentation et du fort Lévis, il franchit heureusement avec sa flottille les rapides du Saint-Laurent, et cerna avec Murray et Haviland la ville de Montréal, où s'étaient retirés Vaudreuil, Lévis, Bourlamaque, Bougainville et Roquemaure. Les milices canadiennes avaient déserté, entraînant avec elles bon nombre des soldats des troupes régulières; ceux qui restaient, étaient impuissants à défendre la ville. Il fallut rendre Montréal, et subir, malgré les protestations de Lévis, les conditions brutales imposées par l'impitoyable Amherst. L'armée devait rendre ses armes; les honneurs de la guerre lui étaient refusés. Elle méritait mieux, ne fût-ce que par son malheur même.

Amherst ne lui épargna pas l'insulte : « Je suis » pleinement résolu, disait-il, en raison du rôle infâme

» que les troupes de la France ont joué, en excitant les
» sauvages à commettre les barbaries les plus horribles
» et les plus inouïes pendant le cours de la guerre, et
» pour d'autres trahisons ouvertes et manquements de
» foi manifestes, de montrer au monde entier par cette
« capitulation, l'horreur que j'ai pour de telles pratiques. »
L'humain, le vertueux Amherst faisait peser sur de
malheureux vaincus une basse calomnie. Jamais la
France n'avait excité les sauvages aux cruautés que leur
nature les poussait à commettre, et les scènes affreuses
qui se passèrent lors de la reddition du fort William-
Henry, n'avaient pu être empêchées malgré les efforts de
Montcalm et des siens, qui n'hésitèrent pas à exposer
leur vie pour arracher aux mains des Indiens le plus
d'Anglais qu'ils purent. Les armées anglaises ont donc
été toujours bien humaines; Amherst avait donc oublié
la déportation de tous les habitants de l'Acadie; à tout le
moins, il ne pouvait prévoir que, moins de vingt ans
après, le grand ministre Pitt, devenu lord Chatham,
protesterait en plein parlement d'Angleterre, contre ses
compatriotes qui lançaient les sauvages des forêts contre
les colonies anglaises d'Amérique.

Mais qu'importaient après tout à Lévis et à ses généreux
frères d'armes les imputations injustes d'Amherst ? La
blessure n'était pas là. Montréal avait succombé; la dernière espérance du Canada tombait du même coup. Les
Anglais avaient obtenu un triomphe définitif, que le
traité de Paris de 1763 allait bientôt sanctionner, en
enlevant le Canada à la France.

V.

Est-il besoin de rechercher les causes qui ont amené
la perte de nos colonies de l'Amérique septentrionale ?
Elles ont été établies depuis trop longtemps, elles résultent
trop bien du récit de M. F. Parkman pour qu'il soit
nécessaire d'insister sur ce point. Le partage du commandement entre le gouverneur Vaudreuil et le général
en chef Montcalm, la mésintelligence qui naquit entre
eux du conflit de pouvoir, les honteuses dilapidations de
l'intendant Bigot et de ses complices, la détresse des Canadiens pour lesquels les souffrances de la famine s'ajou-
taient aux fatigues de la guerre, et, par dessus tout,
l'abandon de la colonie par la métropole, et la supériorité
écrasante des forces anglaises pendant la dernière partie
de la lutte, voilà les causes de notre défaite et du triomphe
de nos ennemis. A ce formidable armement que dirigeait
l'Angleterre contre le Canada, à ces 60,000 soldats de
troupes aguerries, la colonie française ne put opposer
qu'un trop petit nombre de défenseurs : 3,500 hommes
de troupes régulières venues de France, 2,000 hommes
de réguliers de la colonie, une poignée de sauvages et la
milice, qui au moment suprême pouvait comprendre
12,000 hommes, mal armés, mal exercés, ne sachant pas
se plier aux lois de la discipline, bons pour la guerre de
partisans, peu faits pour combattre en bataille rangée.
Ajoutons que le Canada renfermait alors à peine 80,000
habitants, tandis que les colonies anglaises en comptaient
1,300,000. Dans ces conditions, la Nouvelle-France
devait fatalement succomber malgré l'héroïsme de la
population, de l'armée et du chevaleresque Montcalm,

et les Anglais remportaient une victoire qui augmentait leur puissance, mais sans rien ajouter à leur gloire.

L'ouvrage qui nous a donné lieu de présenter le récit sommaire de ces douloureux événements, est un des plus remarquables qui aient été publiés dans ces derniers temps. M. F. Parkman y a développé les plus solides qualités de l'historien; il possède la première de toutes, l'impartialité. Avec quel art, et j'oserai presque dire, avec quel amour, n'a-t-il pas tracé la noble figure de Montcalm ? Et ce n'est pas le seul portrait que nous puissions admirer dans son œuvre; ceux de Wolfe, le héros anglais, de Vaudreuil et de bien d'autres, sont vraiment tracés de main de maître. Il ne les compose pas, comme tant d'autres qui s'abandonnent trop facilement à leur imagination; il les restitue, pour ainsi dire, d'après les renseignements les plus précis et une foule de détails intimes qu'il a scrupuleusement recueillis. Il en est de même pour le récit des faits et la description des lieux. Bien que, par la nature de son talent, M. Parkman puisse être mis au rang des historiens pittoresques, il ne livre rien à la fantaisie; toujours et partout, il est peintre exact, narrateur consciencieux. Il n'a rien négligé pour remplir son devoir d'historien; on peut dire que tous les documents connus ont passé sous ses yeux : ouvrages publiés, relations manuscrites et pièces officielles de toute nature, contenues dans les divers dépôts d'archives, en Amérique, en Angleterre et en France, lettres autographes, journaux et autres écrits des personnes engagées dans cette guerre, traditions recueillies sur les lieux mêmes.

De tout cela, M. F. Parkman a su composer une des histoires les plus attachantes qu'il nous ait été donné

de lire depuis longtemps. On ne la quitte plus après
qu'on l'a prise en main, séduit qu'on est à la fois par
l'intérêt profond du sujet et par le talent si brillant de
l'écrivain, que les Etats-Unis ont bien le droit de placer
au premier rang des historiens de notre époque.

9 7 8 2 0 1 3 3 4 8 3 8 6